AF257242

L 44
b
1157

OBSERVATIONS

SUR

LE RAPPORT DU MINISTRE

DES AFFAIRES ÉTRANGÈRES

DE FRANCE,

DU 16 MARS 1812.

OBSERVATIONS

SUR

LE RAPPORT DU MINISTRE

DES AFFAIRES ÉTRANGÈRES

DE FRANCE,

SERVANT D'INTRODUCTION

AUX DÉCRETS SUR UNE NOUVELLE ORGANISATION

DE LA GARDE NATIONALE,

ET PUBLIÉ PAR LE MONITEUR DU 16 MARS 1812.

A PARIS,

CHEZ F. SCHŒLL, LIBRAIRE, RUE DES FOSSÉS-
MONTMARTRE, N° 14.

1814.

AVERTISSEMENT.

Ce Mémoire, attribué à M. Genz, n'a jusqu'à présent circulé qu'en manuscrit : il a été originairement écrit en françois.

OBSERVATIONS

SUR

LE RAPPORT DU MINISTRE

DES AFFAIRES ÉTRANGÈRES

DE FRANCE,

SERVANT D'INTRODUCTION

AUX DÉCRETS SUR UNE NOUVELLE ORGANISATION

DE LA GARDE NATIONALE.

LE rapport, que l'on peut regarder comme
le premier manifeste de la grande guerre
qui se prépare dans ce moment, n'est qu'un
exposé des prétendus attentats de l'Angle-

terre contre les droits des neutres dans les guerres maritimes, et des mesures successivement adoptées par le gouvernement françois, pour venger et protéger ces droits. L'auteur du rapport commence par mettre en fait, « Que les droits de la neutralité maritime ont été réglés solennellement par le traité d'Utrecht, devenu la loi commune des nations, et que cette loi a été textuellement renouvelée dans tous les traités subséquens. » Il en vient de là au récit des « arrêts arbitraires et tyranniques » par lesquels l'Angleterre a violé les principes consacrés par le traité d'Utrecht et des actes de représailles que la France a opposés à ces arrêts ; et le résultat final est la nécessité urgente d'employer toutes les forces disponibles de la France pour *exclure* les neutres de certains ports à l'extrémité du continent, où de temps en temps ils pourroient introduire quelques ballots de marchandises angloises.

Le gouvernement françois doit s'imaginer, qu'avec le désir ou le pouvoir de lui résister, ses contemporains, plongés dans une stupidité absolue, ont perdu jusqu'au souvenir de tout ce qui s'est passé au milieu d'eux, jusqu'à la dernière trace de l'histoire et de l'ancien droit public de l'Europe, ou jusqu'à la faculté de lire, de comparer et de réfléchir. Autrement il ne leur offriroit pas comme des oracles diplomatiques, des fables si maladroitement tissues, que le plus crédule de leurs lecteurs devroit regarder comme une insulte la prétention de les lui faire avaler.

Une réfutation satisfaisante de chaque partie, ou pour mieux dire de chaque phrase de ce rapport, ne seroit pas une tâche difficile. Je me bornerai ici à examiner très-succinctement ce qui concerne les questions de droit. Mon but est rempli, si je réussis à prouver,

Que le traité d'Utrecht, à l'époque même de sa signature, n'a pas *été*, n'a pas *pu* être et n'a jamais *prétendu* être la loi commune des nations pour les droits maritimes;

Que ce traité, loin d'acquérir plus tard

une autorité qu'il n'avoit pas eue dans son origine, a été complètement étranger à tous les rapports et à tous les événemens postérieurs;

Que dans la lutte qui depuis 1806 s'est engagée entre la France et l'Angleterre, pour soumettre le commerce de tous les pays du monde à un système d'interdiction réciproque, la France a été le véritable agresseur, tandis que l'Angleterre n'a constamment agi que par voie de représailles; enfin,

Que les principes proclamés dans le manifeste du 16 mars, pour justifier la nouvelle guerre qui va embraser le continent, sont les mêmes, poussés cependant à un excès jusqu'ici inconnu, qui ont caractérisé la marche du gouvernement françois dans toutes les époques de cette lutte fatale.

I.

Pour qu'une loi commune des nations sur les limites entre les droits des états belligérans et des états neutres dans les guerres maritimes eût pu se former, il auroit fallu que toutes les puissances indépendantes, dûment représentées dans un congrès général, se fussent concertées sur les règles à suivre dans cette branche du droit public, et qu'un code, reconnu et sanctionné par toutes les parties intéressées, eût été le résultat de leurs travaux.

Je ne puis pas m'étendre ici sur tout ce qu'il y a d'inadmissible et même d'absurde dans une supposition pareille. Il suffit de savoir qu'aucune entreprise de ce genre n'a jamais été exécutée, ni seulement tentée, et surtout que le traité d'Utrecht, tel qu'il est, n'a aucun trait de ressemblance avec un code de droit public, ou une loi commune des nations.

Ce qu'on appelle généralement le traité d'Utrecht n'est, comme tout le monde sait, qu'un assemblage de traités séparés conclus entre les différentes puissances qui avoient pris part à la guerre de la succession d'Espagne. Parmi ces traités il s'en trouve trois concernant la navigation et le commerce : l'un fait entre la *France* et l'*Angleterre*; l'autre entre l'*Angleterre* et l'*Espagne*; le troisième entre la *France* et la *Hollande.*

Dans le traité entre la *France* et l'*Angleterre* il est stipulé que dans une guerre maritime, dans laquelle l'une ou l'autre de ces deux puissances resteroit neutre, le pavillon de celle-ci couvrira les marchandises appartenantes aux ennemis de la puissance belligérante; et de plus, que par marchandises de contrebande, confiscables dans toute espèce de vaisseau, on n'entendra que les objets directement applicables à la guerre. Ces deux articles, déterminés de tout temps d'une manière particulière et différente par chaque traité individuel de navigation, constituoient, à la fin du dix-septième et au commencement du dix-huitième siècle, à peu près la question toute entière des droits des puissances neutres dans les guerres maritimes. Par les traités antérieurs de 1655 et 1677, la France et l'Angleterre étoient déjà convenues, à l'égard de ces articles, des mêmes concessions réciproques qui se trouvent dans le traité d'Utrecht; et ces concessions ont été renouvelées et renforcées, même en faveur de la puissance supposée neutre, dans le fameux traité de commerce de 1786.

Lorsqu'on réfléchit à la situation respective de ces deux puissances, on ne sauroit s'étonner de ce que dans tous les traités entre elles, relativement à cet objet, on ait accordé la plus grande latitude aux droits de celle des deux qui seroit neutre dans une guerre maritime de l'autre : la raison en est claire. Le cas supposé étoit si peu probable que tout ce que l'on se promettoit mutuellement ne revenoit, pour ainsi dire, qu'à un simple compliment diplomatique. Depuis la décadence de l'Espagne, et plus tard de la Hollande, la France et l'Angleterre étoient les deux puissances prépondérantes sur mer. Soit directement, soit indirectement, toute guerre maritime, tant soit peu importante et durable, devoit ou commencer ou finir par être une guerre entre l'Angleterre et la France; et telle a été effectivement l'histoire de toutes celles qui ont eu lieu depuis la fin du dix-septième siècle. Une guerre maritime, dans laquelle l'une ou l'autre de ces puissances se seroit déclarée neutre, est très-difficile à concevoir; elles ne risquoient rien en la supposant. Plus elles étoient rivales, plus même leur état de rivalité dégénéroit en état d'hostilité habituelle, et moins il leur en coûtoit d'être libérales l'une envers l'autre dans cette hypothèse qui, à ce qu'elles comprenoient parfaitement bien, ne pouvoit jamais se réaliser.

Mais les stipulations éventuelles sur les droits de la navigation neutre, consignées dans un traité entre la France et l'Angleterre, ne lioient aucune des deux parties contractantes dans leurs rapports avec d'autres puissances; il n'en résultoit aucun principe universel. Chaque partie conservoit la liberté de s'arranger sur cet objet avec tout autre état, aux conditions qui lui paroissoient les plus praticables ou les plus utiles.

Le traité de navigation et de commerce entre l'*Angleterre* et l'*Espagne*, faisant suite au traité de paix et d'amitié qu'elles

avoient signé à Utrecht, ne fut que la con-
firmation d'un traité de 1667, que l'on in-
séra textuellement dans celui de 1713. Dans
ce traité, assez favorable d'ailleurs à la partie
éventuellement neutre, le principe *que le pavillon couvre la marchandise* ne se trouve
point énoncé : circonstance essentielle qui
prouve d'abord combien ces traités séparés
étoient peu connexes l'un avec l'autre, et
ensuite combien on étoit loin de considérer
le principe de la liberté des marchandises ennemies sous pavillon neutre comme une loi
généralement établie ; car si on l'avoit crue
telle, le silence d'un traité formel sur un
article d'aussi grand intérêt seroit tout-à-fait
inexplicable.

Le traité de commerce entre la *France*
et la *Hollande*, conclu à Utrecht, étant
absolument étranger à l'*Angleterre*, il seroit inutile de s'y arrêter.

Quant aux autres puissances de l'Europe ;
quant à celles même qui avoient eu part
aux négociations d'Utrecht, ou qui furent
comprises dans les différens traités, telles

que le Portugal, la Prusse, la Suède, la
Savoie, la Toscane, Gênes, Venise, etc.,
pas un mot ne fut dit pour fixer leurs droits
maritimes, ou les limites de leur neutralité future, ni d'après un principe commun,
ni vis-à-vis d'aucune des puissances qui
avoient coopéré à la paix générale.

Pour savoir au juste quelle idée le gouvernement françois de ce temps devoit se
former lui-même de la valeur de ses stipulations sur les droits de la neutralité, et de
l'effet qu'elles pourroient avoir comme principes généraux dans cette matière, on n'a
qu'à jeter un coup-d'œil sur les lois qui
composoient alors le code maritime de la
France.

Aucun pays n'a poussé plus loin que la
France la sévérité de la législation contre la
liberté des neutres dans les guerres maritimes. Les ordonnances de François I (1536
et 1543), de Henri II (1554), de Charles IX
(1569), de Henri III (1584), etc., avoient
toutes déclaré, sans aucune restriction,
non-seulement « que la marchandise enne-

mie étoit confiscable à bord d'un bâtiment neutre ; » mais, ce qui est bien autrement fort, « que la marchandise ennemie entraîneroit aussi dans la confiscation toute marchandise chargée avec elle, et le bâtiment lui-même, quel qu'en fût le propriétaire. » La célèbre ordonnance de la marine de 1681, que les François ont regardé pendant long-temps comme un des monumens de gloire de Louis XIV, sanctionna les mêmes principes, en y ajoutant des articles extrêmement onéreux sur les preuves à fournir de la neutralité d'un bâtiment, sur les passe-ports, factures, certificats de toute espèce, sur les formes de procédure dans les jugemens des prises. Le règlement pour les prises, de 1704, publié dans cette même guerre que le traité d'Utrecht a suivie, fut absolument conforme à ces ordonnances. « S'il se trouve sur les vaisseaux neutres des effets appartenans à l'ennemi, *les vaisseaux et la charge seront de bonne prise,* » dit l'article 7 de ce règlement. Celui de 1744 modifia, il est vrai, *une* des clauses les plus dures de ces lois, mais en conservant soigneusement tout le reste. L'article 5 de ce règlement déclara « sujettes à la confiscation les marchandises appartenantes aux ennemis sur des navires *neutres* ou *alliés*, » ajoutant toutefois, « que les *navires* seroient relâchés. »

Si, comme on ne rougit pas de le dire aujourd'hui, « les droits maritimes des neutres avoient été réglés solennellement par le traité d'Utrecht, » il seroit inconcevable que la législation maritime de la France ne se fût ressentie de ce grand événement, ni à l'époque où il doit avoir eu lieu, ni même trente ans après (1).

____

(1) La dernière loi qui ait paru sur cet objet avant la révolution, le *Règlement concernant la navigation des bâtimens neutres en temps de guerre*, du 26 juillet 1778, n'a pas accueilli le principe, que le pavillon couvre la marchandise. Il est vrai qu'il n'a pas non plus, à l'exemple des lois précédentes, annoncé le principe opposé ; mais, à en juger par l'extrême rigueur de toutes les autres dispositions de ce règlement, par la nature des preuves exigées dans l'art. 2, pour justifier

Et pour répondre à ceux qui croiroient peut-être que les ordonnances n'avoient rien de commun avec les traités, que la législation alloit son train d'un côté, et le droit des gens de l'autre, je m'en vais citer un cas mémorable qui ne laissa plus de doute à cet égard.

Les villes hanséatiques (Lubeck, Brême et Hambourg) jouissoient, depuis le milieu du dix-septième siècle, d'une faveur particulière de la part du gouvernement françois. Le cardinal Mazarin leur avoit accordé, en 1655, un traité, dans lequel il

---

de la *propriété neutre*, enfin par l'article dernier, qui maintient l'ordonnance de 1681, « en tout ce à quoi il n'aura pas été dérogé par le règlement; » il est évident que, *jusqu'en 1778*, le gouvernement françois n'avoit point l'intention sérieuse d'attribuer au pavillon neutre le pouvoir de couvrir la marchandise ennemie. Ce n'est qu'à l'apparition de la *neutralité armée de 1780* que la France a brusquement changé de langage, et qu'avec une effronterie digne de l'aurore de ses beaux jours, elle a soutenu « que *le grand objet de ses ordonnances* avoit toujours été *le principe de la liberté des mers!!!* »

étoit dit : « Que , pour l'égard des villes hanséatiques, Sa Majesté , *dérogeant aux ordonnnances* , veut et entend que lesdits habitans soient déchargés de la rigueur d'icelles pendant quinze années, en sorte *que la robe de l'ennemi ne confisque point celle de l'ami* , et que les navires à eux appartenans soient libres , et rendent toutes leurs charges libres , bien qu'il y eût de la marchandise appartenante à l'ennemi. » En 1716 , *trois ans après le traité d'Utrecht* , les villes hanséatiques réclamèrent le renouvellement de ce traité. Elles l'obtinrent ; mais voici dans quels termes l'article principal étoit conçu : « Les *vaisseaux* sur lesquels se trouveront des marchandises appartenantes aux ennemis de S. M. ne pourront être confisqués, non plus que *le reste de leur cargaison,* mais seulement lesdites marchandises appartenantes aux ennemis , de même que celles de contrebande, S. M. *dérogeant à cet égard* à tous usages et ordonnances , même à celles des années

1536, 1584 et 1631, qui portent, que la robe ennemie confisque la marchandise et le vaisseau ami. » On leur tenoit compte, comme d'une faveur extraordinaire, de n'avoir retranché dans ce nouveau traité que la moitié des droits que celui de 1655 leur avoit accordés (1) !

C'est ainsi que le gouvernement françois envisageoit et respectoit lui-même le traité d'Utrecht ! c'est ainsi que ce traité étoit devenu « la loi commune des nations pour les droits du pavillon ! »

---

(1) Le traité que les villes hanséatiques obtinrent de la France en 1769 fut conforme en tout à celui de 1716. Mais un fait plus curieux encore, parce qu'il touche de si près l'année climatérique de 1780, c'est qu'une convention de commerce, que le gouvernement françois fit signer, le 18 *septembre* 1779 , avec le duc de Mecklenbourg - Schwerin , sanctionna encore une fois toute la sévérité des anciennes ordonnances , et entre autres déclara très-positivement « sujette à confiscation toute marchandise ennemie qui se trouveroit dans des bâtimens neutres. »

II.

« Cette loi, » continue le ministre rapporteur, « *textuellement renouvelée dans
tous les traités subséquens, a consacré*
les principes suivans, » etc.

Je crois en avoir dit assez pour faire juger si, à l'époque même de sa conclusion,
le traité d'Utrecht a pu avoir la force d'une
loi générale ou *consacrer des principes
quelconques.* L'assertion sèche et tran-
chante, « que ce traité a été textuellement
renouvelé dans tous les traités subséquens, » se trouve si complètement démen-
tie par une quantité de documens que tout
le monde peut consulter, que ceux même
qui ont le mieux suivi la marche et l'esprit
des publications officielles du gouvernement
françois, devoient avoir été frappés de sa sévérité. Le fait est, que parmi les nombreux
traités qui, depuis 1713 jusqu'à nos jours,
ont statué sur les droits maritimes des différentes nations, on n'en rencontrera pas

un où le traité d'Utrecht soit renouvelé , confirmé ou cité comme modèle (1). Les hommes qui négocioient ces traités savoient bien que quelques règles purement conventionnelles établies, en 1713, entre la France et l'Angleterre, ou la France et la Hollande, n'étoient point obligatoires , ni pour des puissances que ces règles ne regardoient en rien , ni pour celles mêmes qui en étoient réciproquement convenues dans leurs rapports politiques avec d'autres états. Sous quel titre un négociateur danois eût-il exigé d'un négociateur anglois d'admettre les sti-

____

(1) Le seul traité du dix-huitième siècle, dans lequel le traité d'Utrecht, c'est-à-dire , l'une ou l'autre des conventions particulières sur la navigation et le commerce, signées à la suite du principal et véritable traité d'Utrecht, se trouve *nommé* , est un traité fait entre la *France* et la *Hollande* en 1739 ; mais il faut voir à quel propos et dans quel sens : c'est parce que « le traité de commerce conclu à Utrecht, et pour *vingt-cinq années* , étant *expiré* le 11 avril de l'année dernière, les deux puissances, » etc. etc. : étrange phénomène qu'une *loi commune des nations* , qui *expire* après un règne de *vingt-cinq ans !*

pulations d'Utrecht comme base des droits dont le pavillon de l'un ou de l'autre pays jouiroit pendant sa neutralité ? Dans les bons temps de la diplomatie, un contre-sens pareil ne seroit entré dans la tête de personne.

Mais quand même le traité d'Utrecht auroit été, ce qu'il ne fut certainement pas, le résultat formel et avoué d'une délibération commune de toutes les puissances, sur les conditions et les priviléges de la neutralité dans les guerres maritimes, et par conséquent un véritable code de lois, il est clair que les révolutions survenues dans le système politique depuis 1713 auroient nécessité, et même à plusieurs reprises, une révision générale de ce code, à moins qu'on n'eût abandonné les questions les plus importantes et les plus problématiques à la décision des armes, ou à des arrangemens particuliers. Il est inutile d'exposer ici tout ce qu'il y a de chimérique dans l'idée de ces congrès législatifs, soumettant à des règles générales les droits et les rapports des états indépendans, et bien plus encore dans celle d'un renouvellement périodique de ces assemblées impraticables. Le vrai droit public de l'Europe se trouvoit tout entier dans les traités de puissance à puissance , et ne peut jamais se trouver que là. D'après ce principe immuable , chaque gouvernement a déterminé, vis-à-vis de chaque autre gouvernement en particulier , quels seroient les attributs et les bornes de leur neutralité , dans le cas que l'un ou l'autre se trouveroit engagé seul dans une guerre maritime avec un tiers. Tout le reste n'est que jargon révolutionnaire , égarement dangereux , ou ignorance affreuse pour en imposer à la multitude. Prétendre que les rapports de puissance à puissance eussent pu ou dû être fixés par une soi-disante loi universelle , c'est renverser tous les principes qui ont fondé ou soutenu le droit public , exterminer à jamais ces lois positives , que les nations se sont réciproquement prescrites par des conventions variées à l'infini , d'après l'étendue des besoins et des forces , et leur substituer l'autorité arbitraire d'un code uniforme, qui n'appartient qu'au despotisme d'un seul, et que celui-ci même ne parviendra à établir qu'après avoir incorporé dans son empire toutes les parties du monde civilisé.

Ce n'est pas pour renforcer ma thèse, que je crois avoir suffisamment établie, mais pour l'éclaircir et la développer, que j'ajouterai les observations suivantes sur quelques-uns des principaux changemens qui ont eu lieu depuis un siècle, par rapport aux intérêts respectifs des puissances neutres et des puissances belligérantes dans les guerres de mer.

Lorsque le traité d'Utrecht fut signé, plusieurs états, aujourd'hui d'une influence majeure n'existoient pas, ou n'avoient point pris leur rang parmi les puissances maritimes. Je ne citerai que la *Russie* et *les États-Unis d'Amérique*. Toutes les grandes discussions sur les droits du pavillon neutre, qui ont occupé et agité l'Europe depuis trente ans, furent amenées par l'une ou l'autre de ces deux puissances. Or quel que fût le fonde-

ment de leurs prétentions, il seroit extrava-
gant de soutenir que la Russie ou les États-
Unis de l'Amérique eussent pu faire valoir
contre la France, l'Espagne, l'Angleterre ,.
etc., les principes d'un traité qui avoit pré-
cédé leur maturité ou même leur existence
politique.

D'un autre côté , à mesure que le commerce des nations s'est augmenté ; que la
sphère de leur navigation s'est étendue ;
que de nouveaux rapports ont été créés ,
non-seulement entre les pays voisins , mais
entre les points du globe les plus éloignés
l'un de l'autre ; que la guerre maritime ,
considérée comme guerre commerciale , a
acquis une importance égale et quelquefois
supérieure à celle de la guerre continentale , dont elle n'étoit autrefois qu'un ac-
cessoire , les questions relatives aux droits
des neutres dans cette guerre se sont multi-
pliées , compliquées , agrandies , ont pré-
senté de nouvelles faces et des problèmes ja-
dis inconnus. A l'époque du traité d'Utrecht,
par exemple , et même quarante ans plus

tard, personne n'avoit songé à examiner où à déterminer jusqu'où pouvoit s'étendre le droit d'un état neutre de faire le commerce avec les colonies d'une puissance belligérante. Ce n'est que dans la guerre de 1756 que cette grande et épineuse question fut discutée pour la première fois entre l'Angleterre et la Hollande. Aucun traité ne la décida alors; et quoique dans la guerre allumée par la révolution de France, elle ait reparu avec plus de force que jamais, et soit devenue l'objet capital des discussions entre l'Angleterre et les États-Unis de l'Amérique, aucun traité ne l'a décidée jusqu'à ce jour. La question de savoir si des bâtimens neutres convoyés par un vaisseau de guerre étoient sujets à la visitation, eut à peu près le même sort. Elle avoit été partiellement agitée entre la Hollande et la Suède en 1742, et entre l'Angleterre et la Hollande en 1762; mais on l'avoit passée sous silence dans le fameux *acte de neutralité armée* de 1780; ce n'est qu'en 1800 que pour la première fois elle fut mise en avant d'une manière formelle et péremptoire ; et le traité de Pétersbourg de 1801 fut le premier qui essaya de la fixer entre l'Angleterre et les puissances maritimes du Nord.

Mais ce qui dans les grands événemens de la dernière partie du siècle passé a plus influé que toute autre cause directe sur les rapports entre les belligérans et les neutres, c'est le changement qui s'est opéré dans les forces respectives des deux puissances principalement intéressées à toute question de droit maritime. Ce que nous avons à dire sur les effets de ce changement nous conduira directement à l'examen des accusations portées contre le gouvernement anglois , pour avoir substitué aux maximes du droit public des règles arbitraires et tyranniques.

III.

Depuis la guerre pour la succession d'Espagne, et notamment depuis la bataille navale de la Hogue, la marine françoise s'est trouvée dans un état de décadence progressive. Le rétablissement de cette marine ayant

été négligé sous la longue et paisible adminis-
tration du cardinal Fleury, la France,
dans la guerre de 1756, et surtout d'après
la paix de 1762, ne put plus se dissimuler
que la supériorité maritime étoit acquise à
l'Angleterre. Dans la guerre pour l'indépen-
dance de l'Amérique, les forces navales de
la France se relevèrent momentanément;
mais les désordres de la révolution et l'as-
cendant irrésistible de la marine britannique achevèrent de les paralyser. Une
pareille situation devoit inspirer à la France
un attachement décidé pour tout ce qui
tenoit à la cause de la neutralité maritime,
attachement qui ne pouvoit que s'accroître
avec le sentiment de sa propre foiblesse. Par
la nature des choses, la navigation neutre,
considérée surtout sous le rapport du commerce, est un puissant appui pour la partie
foible, et un contre-poids sensible à la prépondérance de la partie forte dans les guerres
maritimes. Les hommes éclairés n'auroient
jamais été dupes de ces grandes protestations philanthropiques dont le gouvernement

françois remplissoit le monde en faveur d'un système qui touchoit de bien plus près à ses propres intérêts qu'à ceux de la neutralité maritime. Cependant personne ne lui auroit reproché sa prédilection naturelle pour ce système ; personne ne lui auroit fait le procès pour avoir encouragé, fomenté, prôné toute réclamation , tout acte public, toute confédération juste ou injuste tendant à favoriser la navigation et le commerce des neutres aux dépens d'un rival redoutable. Jusqu'au cri banal de *liberté des mers* , quoique toujours déplacé ou perfide, parce qu'il confond, soit par ignorance, soit par mauvaise foi, des objets totalement distincts, lui auroit été pardonné comme ruse de guerre. Mais lorsque, sous prétexte de défendre les droits mal définis des neutres, ce gouvernement a envahi les droits les plus clairs et les plus sacrés de ses voisins; lorsqu'il s'est servi de ce cri de liberté des mers pour écraser systématiquement toute espèce de liberté sur la terre ; lorsqu'après avoir lui-même déclaré criminel, proscrit et anéanti tout ce qui prétendoit à un reste de neutralité, il a évoqué le fantôme de cette neutralité pour justifier les démarches les plus épouvantables; c'est alors que le sourire qu'excitoit autrefois le charlatanisme de sa protection officieuse a dû faire place à l'indignation et à l'horreur.

De même que la France, comme partie foible dans les guerres maritimes, étoit intéressée à favoriser les neutres; l'Angleterre forte et victorieuse sur mer avoit un intérêt évident à soutenir les droits des puissances belligérantes (1). Ces droits sont dans une

---

(1) Le cosmopolitisme de nos jours a consacré l'opinion tout-à-fait absurde qu'un homme juste, et soi-disant impartial, doit toujours se ranger du côté des neutres, et regarder les puissances belligérantes comme les oppresseurs naturels de ces victimes innocentes. Un grand publiciste du seizième siècle a déjà combattu cette chimère, en relevant avec une sagacité admirable la différence entre l'intérêt d'un pays neutre et celui d'un pays en guerre. Il dit : Lucrum *illi* commerciorum sibi perire nolunt *Belligerantes;* nolunt quid fieri quod contra salutem suam est. Jus commerciorum *æquum* est ; at *hoc æquius* tuendæ salutis ; est illud *privatorum,* hoc est

infinité de cas en contradiction directe avec ceux des neutres; les traités, sources et organes de toute législation entre des états indépendans, sont aussi le seul moyen imaginable pour aplanir cette contradiction. Il ne peut y avoir de limite légale, ni au droit d'une puissance belligérante, ni à celui d'une puissance neutre, que celle qu'elles se sont réciproquement imposée par des traités; et aucune des deux n'abuse de son droit qu'autant qu'elle agit contre les traités. Le gouvernement anglois les a constamment respectés. Dans les coalitions hostiles dirigées contre ce gouvernement en 1780 et 1800, dans ses longs et pénibles débats avec les Etats-Unis de l'Amérique, dans les diatribes mêmes de son ennemi mortel, la seule arme dont on se soit jamais servi étoit l'appel à des conventions positives. De n'avoir pas voulu se re-

---

regnorum. Cedat ergo regno mercatura, pecunia saluti! ALBERICUS GENTILIS de jure belli. Voilà la philosophie et la philanthropie d'un homme d'état.

lâcher sur des traités que les neutres et leurs protecteurs ne jugeoient plus convenables à leurs intérêts, ou bien de n'avoir pas voulu à chaque nouvelle prétention des neutres se lier par quelque nouveau décret sur des points que les anciens avoient laissés indécis ; ce sont là les grands torts de l'Angleterre. Ses amis mêmes, en discutant ces matières, lui ont quelquefois reproché, non pas un manque de loyauté, mais un manque de générosité envers les neutres. Je n'examinerai point si, dans d'autres temps et dans d'autres circonstances, il eût été facile de justifier ce reproche. Je sais bien qu'appliqué à la situation où l'Angleterre s'est trouvée dans la guerre actuelle , il est d'une injustice choquante. Quoi! engagée dans un combat à mort , vis-à-vis d'un ennemi qui a mille fois proclamé que son existence est incompatible avec la sûreté et la prospérité du continent, réduite à ses moyens individuels par la désertion ou l'asservissement de tous ses alliés, l'Angleterre devoit encore faire des sacrifices gratuits !

Voyant quel parti la France savoit tirer de la navigation neutre; voyant que c'étoit cette navigation qui protégeoit ses ennemis contre les effets de sa supériorité maritime, elle devoit de son propre chef, ou, puisque tel étoit le bon plaisir de ses adversaires, resserrer la sphère des droits que ses traités ne lui avoient pas disputés! Il me semble que le gouvernement anglois, en se soumettant aux stipulations positives qui fixoient pour telle ou telle puissance l'exercice de sa neutralité légale, et en adoptant, pour les points que les traités n'avoient pas déterminés, un système dans lequel l'intérêt suprême de sa propre conservation étoit combiné, autant que possible, avec les avantages réclamés par les neutres, avoit satisfait, non-seulement à ses devoirs rigoureux, mais à tout ce que l'équité, la générosité et les égards pour les intérêts d'un tiers pouvoient exiger.

Ce système, pour tout dire en un mot, auroit fini par contrarier les neutres, si on leur avoit laissé le temps et la liberté de consulter leurs vrais intérêts ; et c'est un fait que l'histoire saura maintenir contre tous les mensonges postérieurs, *qu'au moment où l'ennemi de l'Angleterre lançoit continuellement ses premiers arrêts de proscription, la question de la neutralité maritime avoit cessé d'agiter les cabinets,* et à l'exception de quelques discussions peu orageuses entre l'Angleterre et les Américains, n'occupoit plus que les tribunaux et les spéculateurs mercantiles (1). Le traité

---

1 Il se trouve à cet égard un aveu remarquable dans le rapport même qui a donné lieu à ces observations. Il y est dit qu'à l'époque de la paix d'Amiens, « la législation maritime reposoit encore sur ses anciennes bases. » Mon objet ne sauroit être de relever les défauts de logique, de raisonnement et d'ensemble dans une pièce où la vérité et les faits sont traités avec si peu de cérémonie. Mais il est certain que cet appel inattendu à l'époque de 1803, tout en trahissant la plus profonde ignorance sur l'état de la question, admet ce qu'un ministre de France auroit toujours dû confesser : *que la discussion des droits maritimes étoit fermée à cette époque ;* circonstance qui figureroit beaucoup mieux dans un manifeste britannique.

de Pétersbourg de 1801, et l'accession des cours de Copenhague et de Stockholm à ce traité, avoient mis un terme à toutes les disputes entre l'Angleterre et les puissances du Nord. La Prusse, sans avoir eu part à ce traité, profitoit, cependant et grandement de tout ce qu'il contenoit de favorable aux neutres. On peut donc soutenir, sans crainte d'un démenti quelconque, que pour l'Europe la question de la neutralité maritime étoit jugée et expédiée autant qu'elle pouvoit l'être au milieu des orages de la guerre. Quant aux Etats-Unis de l'Amérique, il est vrai que, grâce à la funeste influence de la faction françoise qui avoit empêché la ratification complète du sage traité négocié par M. Jay en 1794, plusieurs articles d'une grande importance, et notamment celui du commerce neutre intermédiaire entre les colonies d'une puissance belligérante et la métropole, ne se trouvoient pas positivement décidés, et restoient dans le vague de ce que l'on veut bien appeler le droit des gens naturel, c'est-à-dire que le plus fort étoit indubitablement autorisé à les refondre d'après sa volonté et ses intérêts. Cependant le gouvernement anglois, loin de se prévaloir du silence des traités pour déclarer illégal tout commerce que les négocians de l'Amérique feroient avec les colonies de ses ennemis, se contenta de régler ce commerce par les restrictions les moins onéreuses pour les neutres. L'ordre du Conseil du 24 juin 1803 enjoignit aux commandans de vaisseaux de guerre et aux armateurs « de ne saisir aucun bâtiment neutre, employé au commerce direct entre les colonies de l'ennemi et le pays neutre auquel appartenoit le bâtiment, pourvu que la cargaison de ce bâtiment soit la propriété d'un habitant de ce pays. » Cette instruction, déjà assez favorable, fut encore incalculablement étendue par les principes adoptés dans les cours d'amirauté de Londres, d'après lesquels, lorsqu'un bâtiment américain avoit porté en Amérique une cargaison de marchandises coloniales d'une des colonies de l'ennemi, il suffisoit

que cette cargaison eût été débarquée (en
effet ou en apparence) dans quelque port
des Etats-Unis, pour la faire passer immé-
diatement après dans les ports du pays ennemi en Europe. Les fraudes innombra-
bles auxquelles cet excès de libéralité avoit
donné lieu forcèrent enfin les tribunaux
britanniques (au mois de juillet 1805) de
déclarer que le fait seul du débarquement
momentané dans un port des Etats - Unis
et du paiement des droits pour la cargaison
ne seroit plus regardé comme preuve suf-
fisante de la légalité du voyage d'un bâtiment portant des marchandises coloniales
en Europe, ou des marchandises des pays
ennemis en Europe à leurs colonies. Mais,
à cette modification près, rien ne changea
dans la marche des tribunaux; l'instruction
de 1803 ne fut point abrogée; la liberté
générale des négocians américains de com-
mercer avec les colonies hostiles dans toutes les parties du monde d'un côté, et leurs
ports en Europe de l'autre, resta intacte,
et l'océan ne cessa de se couvrir de vais-

seaux neutres trafiquant pour le compte des ennemis de l'Angleterre (1).

------

(1) D'après les registres des douanes publiés en Amérique, les bâtimens de cette nation avoient introduit en Europe, dans l'année finissant le dernier septembre 1806, une quantité de sucre et de café, égale au produit de toutes les possessions françoises et espagnoles dans le golfe du Mexique. L'île de Cuba seule leur avoit fourni 1,075,000 quintaux de sucre. Pas la dixième partie de cette exportation ne fut légalement acquise par les Américains ; pour tout le reste ils n'étoient absolument que les facteurs et colporteurs des puissances en guerre.

Pour se former une idée juste de l'extrémité de l'abus de cette navigation , des avantages que les ennemis et les neutres en tiroient, des pertes immenses qui en résultoient pour l'Angleterre , de l'esprit de justice et de modération de ces tribunaux de l'amirauté, décriés et flétris sur le continent par les plus indignes calomnies, enfin de la noire ingratitude des Américains et de la nullité de leurs principaux griefs contre le gouvernement anglois , on n'a qu'à lire un ouvrage publié en automne 1805 par un des premiers jurisconsultes et publicistes de l'Angleterre (M. Stephen), sous le titre de « *War in disguise.* » L'importance des faits et la force des argumens contenus dans cet ouvrage lui assignent un rang distingué parmi les écrits politiques de notre temps.

Il est tout simple qu'en dépit d'une conduite aussi mesurée, l'avidité insatiable de quelques individus, les pertes bien méritées que d'autres avoient faites par des spéculations notoirement illégales , l'esprit de parti nourri par le langage habituel des feuilles françoises, et par les déclamations d'une foule de plats écrivains qui s'étoient enrôlés dans la cause de la neutralité maritime , ne cessoient d'ameuter l'opinion publique contre le despotisme du gouvernement anglois ; mais les hommes justes et éclairés dans l'un et l'autre continent, et particulièrement dans les endroits où on pouvoit le mieux juger les besoins et les intérêts du commerce , savoient apprécier ces clameurs. Si l'on eût pu se tromper sur les principes et sur les mesures adoptées de part et d'autre, les effets au moins parloient trop éloquemment pour ne pas écraser toutes les calomnies. Les négocians de *Copenhague*, de *Gothembourg* , de *Pétersbourg*, de *Riga* , de *Kœnigsberg* , de *Dantzig*, de *Hambourg*, de *Embden*, etc.,

comme ceux des ports et des villes commer-
çantes de toutes les côtes des États-Unis de
l'Amérique, voyoient bien ce que c'étoit
que ce joug de fer que l'Angleterre imposoit
à la navigation neutre. Partout d'immenses
richesses s'accumuloient sous ce régime si
décrié; dans les temps les plus florissans de
l'Europe, le commerce de la plupart de ces
villes n'avoit été ni plus actif ni mieux récom-
pensé; leur prospérité, malheureusement à
la veille de sa chute, se communiquoit à
l'intérieur des pays, ranimoit l'agriculture,
les fabriques, toutes les branches de l'indus-
trie, se faisoit sentir dans les parties les plus
séquestrées du continent, dans les vastes
plaines de la Pologne et de la Russie, dans
les vallées des Hautes-Alpes comme dans les
champs et les ateliers de la Saxe, de l'Au-
triche, de la Prusse. Quand on se demande
comment l'Europe a pu résister si long-
temps à tant de fléaux réunis qui pèsent sur
elle, sans tomber dans un appauvrissement
total, la solution de ce problème ne se
trouve que dans ce grand fonds d'opulence,

dans ces ressources toujours renaissantes qui, malgré les ravages des guerres et des révolutions, lui étoient assurées par ses communications avec l'Angleterre, et par ce même commerce maritime que celle-ci doit avoir cruellement opprimé.

Tel étoit le vrai état des choses lorsque le décret du 21 novembre 1806, connu sous le nom de *décret de Berlin*, déclara les îles britanniques non-seulement en état de blocus, mais exclues de toute espèce de communauté sociale, et retranchées pour ainsi dire du corps des peuples civilisés.

Ce décret, le plus audacieusement injuste dont l'histoire conserve le souvenir (1), on entreprend de le justifier aujourd'hui, comme

____

(1) Le fameux décret du Directoire, du 22 nivôse 1797, n'étoit, après tout, qu'un jeu d'enfant en comparaison de celui-ci. Il ordonnoit la confiscation de chaque vaisseau qui porteroit une seule pièce de marchandise angloise; mais il n'attaquoit pas le commerce dans ses racines. Il fit beaucoup de mal aux individus; mais il ne tarissoit pas dans les trois quarts du continent toutes les sources de prospérité publique et privée. Enfin il supposoit

un acte purement défensif, comme une simple mesure de représailles provoquée par les attentats du gouvernement anglois. « *Le décret de Berlin* » — dit le rapport — « *répondit à la déclaration de* 1806. Le blocus des îles britanniques fut opposé au blocus imaginaire établi par l'Angleterre. »

Que le décret de Berlin, prototype fatal d'un nouveau genre d'hostilités, cause première d'une succession de maux dont le dernier terme échappe à l'imagination comme au calcul, a porté un coup mortel à l'Europe, personne ne s'avisera de le nier. Si ce décret funeste a été provoqué par la déclaration de 1806, les auteurs de celle-ci sont sans contredit hautement responsables de tout ce que le décret de Berlin a entraîné de calamités et d'horreurs. Mais quelle étoit donc cette déclaration de 1806 ? En croirons-nous le gouvernement françois sur sa

---

au moins une force maritime quelconque. Celui de Berlin n'étoit absolument calculé que sur les progrès irrésistibles d'un système d'envahissement et d'oppression.

parole ? Quelle que soit l'indifférence ou la légèreté coupable avec laquelle les lecteurs de toutes les classes reçoivent aujourd'hui les manifestes de ce gouvernement, sans les examiner, sans les méditer, sans vérifier aucun fait, aucune date, sans les confronter avec ce qui s'est passé sous leurs yeux, sans employer enfin les moyens les plus simples pour empêcher au moins que la vérité ne soit maltraitée dans l'asile de leur propre conscience ; — refuserons-nous cependant quelques momens d'attention et de recherche à une question de cette extrême importance, ou l'abandonnerons - nous, comme tant d'autres, au jugement définitif du tribunal le plus suspect qui ait jamais prononcé dans sa propre cause ?

Le blocus par mer des places occupées par l'ennemi est une des opérations dont la sphère a dû naturellement s'agrandir avec les moyens et les forces disponibles des puissancss maritimes. Autrefois on bloquoit un port pour quelque but passager ou local, pour s'emparer des vaisseaux qui s'y trouvoient, pour retenir une escadre qui avoit le projet d'en sortir, pour couper les moyens de défense à une ville qu'il s'agissoit de perdre. Dans des vues plus vastes et plus combinées, on bloquera aujourd'hui une vingtaine de ports à la fois (1). La légalité ou l'illégalité d'une entreprise ne peut pas dépendre de la grandeur de l'échelle sur laquelle elle est placée. Par quels sophismes contesteroit-on à une puissance continentale le droit d'attaquer un ennemi sur chaque

---

(1) La même chose a cependant eu lieu dans des temps où les forces navales des puissances étoient fort inférieures à ce qu'elles sont devenues plus tard. Les *Hollandois*, par un édit du 26 juin 1630, déclarèrent en état de blocus *toutes les côtes et rivières de la Flandre*. *Bynkershoek*, une des grandes autorités du commencement du dix-huitième siècle, en citant et défendant cet édit, y ajoute même un exemple plus ancien. « Idem plane jam *olim* tempore nascentis reipublicæ sancitum fuerat. Ex edicto ordinum Hollandiæ, 27 jul. 1584, *exteri non hostes ad portus Flandriæ commeantes puniuntur navium merciumque publicatione*. » *Quæst. Jur. Publ. l.* 1, *c.* 11.

point de ses possessions en même temps ,
si elle a un nombre de troupes suffisantes
pour exécuter ce plan ? Écouteroit-on dans
une occasion pareille les vaines protestations
d'un voisin neutre ? Il en est de même du
blocus maritime des côtes. La définition
que les plus zélés avocats des neutres ont
donnée d'une place bloquée , que c'est
« celle dans laquelle un bâtiment étranger
ne pourroit essayer d'entrer sans s'exposer
à un danger réel » n'est point du tout inap-
plicable à une réunion de ports sur la même
côte. Tout dépend de la mesure des forces
dont une puissance peut disposer pour l'exécution réelle d'un dessein légal en lui-même.
Or, sans entrer dans des calculs de détail
sur ce qu'il faut de bâtimens de guerre pour
bloquer tant et tant de places et telle ou
telle étendue de côtes , il est évident que,
si les différens blocus auxquels l'Angleterre
a eu recours n'avoient pas été constamment appuyés de forces considérables et
suffisantes , les ennemis, aussi-bien que les
neutres , au lieu de crier contre ces blocus ,

s'en seroient moqués comme d'une pure fanfaronnade. L'effet direct et visible qui a accompagné ces mesures, réprouvées par aucun principe de droit public, étoit la preuve de leur réalité (1).

Mais il ne suffit pas, pour la justification d'une mesure, qu'elle n'ait aucun caractère d'illégalité ou d'injustice directe. Le droit le plus indubitable en lui-même peut devenir un instrument d'oppression. On peut en faire un usage tellement outré, tellement révoltant, que ceux qui en souffriroient seroient au moins complétement excusa-

---

(1) L'interdiction générale de tout commerce avec un grand pays diffère essentiellement du blocus de ses ports et de ses côtes, en ce qu'elle prétend s'exécuter sans l'emploi direct d'aucune force disponible, et assujettit ainsi tous ceux qui sont étrangers à la guerre *à un simple acte de volonté absolue de la part d'un belligérant.* Tel fut le principe du décret de Berlin ; tel fut aussi le principe des ordres du conseil britannique du mois de novembre 1807, que ce décret avoit fait naître. Aucune trace d'une prétention pareille ne se trouvera dans les actes du gouvernement anglois antérieurs à ces ordres du conseil.

bles, en saisissant tout ce qui se trouveroit
à leur portée, pour déjouer ou repousser
ouvertement des actes incompatibles avec
leurs premiers intérêts. La déclaration de
1806 se trouvoit-elle peut-être dans cette
catégorie ?

Cette déclaration prononça le blocus
contre les côtes, ports et rivières de l'*Elbe*
jusqu'à *Brest*; mais la seule partie de ces
côtes qu'elle désigna comme *rigoureusement bloquée*, étoit comprise entre *Ostende*
et *l'embouchure de la Seine*. Elle l'avoit
été depuis long-temps; et je présume que le
partisan le plus déterminé du gouvernement françois, s'il veut se rappeler *pourquoi*
elle l'étoit, que c'est dans les ports compris
dans ce blocus rigoureux que se firent
pendant plusieurs années les vastes prépa-
ratifs pour une descente dans les îles britanniques, ne se permettroit pas de blâmer
cette mesure. Quant aux ports de l'Allemagne septentrionale (et même de la Hollande) la déclaration portoit « que l'entrée
et la sortie de ces ports *ne sera point dé-*

fendue aux vaisseaux neutres, pourvu que ceux qui arrivent n'aient été frêtés, ni ceux qui sortent ne soient destinés pour un des ports de l'ennemi, et que leur cargaison ne consiste ni en propriété de l'ennemi, ni en contrebande de guerre. « C'est ainsi que la déclaration du 16 mai 1806 *anéantit d'un seul mot les droits de tous les états maritimes*, et que du moment de cette déclaration, l'Angleterre *ne reconnut plus les neutres sur les mers !* »

Voyons maintenant ce qui avoit amené cette déclaration, et comment elle fut jugée dans son temps. La Prusse, à l'instigation de la France, s'étoit emparée de tous les pays composant l'électorat de Hanovre, et avant même que cet acte d'iniquité fût pleinement consommé, avoit notifié, par un ordre du 28 mars 1806, « que, d'après un traité conclu entre le roi de Prusse et l'empereur des François, l'entrée des ports de la mer du Nord et des rivières qui se jettent dans cette mer, seroit fermée à la navigation et au commerce britannique, et qu'on procéderoit aux arrangemens nécessaires pour empêcher toute *importation* et tout *passage* des marchandises angloises. » C'est là l'origine de la déclaration du 16 mai ; ce n'est point contre les *neutres*, c'est contre la Prusse agissant de concert avec la France, et excluant formellement le commerce anglois de tous les ports de l'Elbe, du Weser et de l'Ems, que cette déclaration étoit dirigée. Il seroit inutile de discuter ici le droit du gouvernement britannique de prendre des mesures sévères contre la Prusse ; cette question au moins ne paroîtra douteuse à personne.

Aucune des puissances neutres de l'Europe n'imagina de se plaindre de ces mesures. Elles y voyoient l'effet direct, le contre-coup naturel d'une agression gratuite, qui fit un mal prodigieux à l'Angleterre. Leurs intérêts d'ailleurs n'y étoient pas sensiblement compromis, et le gouvernement anglois, pour mettre au grand jour combien il étoit éloigné de l'intention de les blesser, publia, peu de jours après la déclaration du 16 mai, un ordre en date du 21, portant « que S. M. B., toujours animée du désir d'éviter, autant que les opérations de la guerre le rendroient possible, tout ce qui pouvoit nuire au commerce des états en paix avec l'Angleterre, enjoignoit strictement à tous ses vaisseaux, armateurs, etc., de n'arrêter *aucun bâtiment qu'ils rencontreroient dans la « mer Baltique ;* démarche d'une indulgence remarquable, vu que presque tous les ports de la Prusse se trouvoient sur la Baltique, et que l'Angleterre, en assurant la liberté de la navigation dans cette mer, favorisoit les neutres à ses propres dépens. Ajoutons à cela que la Russie et la Suède étoient, à l'époque de la déclaration de 1806, les alliées intimes de l'Angleterre, et que le Danemarck se consoloit aisément de la fermeture de l'Elbe et du Weser, par le profit immense qui lui en revint pour ses ports sur les côtes de Holstein et de Sleswic.

Les seules victimes de cet état de choses étoient les villes de Hambourg et Brême ; mais à qui devoient-elles s'en prendre de leurs souffrances, si ce ne fut au cabinet de Berlin, instrument du gouvernement françois ?

Voilà les faits dans toute leur exactitude. Mais ce qui me paroît plus remarquable que tout le reste, c'est que la France de même ne songeât pas à se plaindre de la déclaration du 16 mai, et n'en ait jamais fait mention dans aucune occasion précédente. Il faut se rappeler qu'à l'époque où cette pièce parut, une négociation de paix étoit entamée avec l'Angleterre. Elle avoit été conçue et mise en train par *M. Fox*, le seul des ministres à la tête des affaires britanniques dont le gouvernement françois ait toujours parlé avec des égards aussi près de l'attachement que du respect. Ce même ministre, que personne n'a jamais suspecté de projets hostiles contre les neutres, étoit l'auteur du système de représailles adopté contre la Prusse, et dont la déclaration du 16 mai faisoit partie.

Mais indépendamment de ce que les principes ou le caractère personnel de *M. Fox* pouvoient prêter d'appui à cette déclaration, il est évident que , comme les neutres eux-mêmes ne s'en plaignoient pas , le gouvernement françois manquoit de tout prétexte quelconque pour en faire un sujet de tolérance. Après la mort de *M. Fox* et la rupture des négociations de Paris , le nord de l'Allemagne devenant le théâtre d'une nouvelle guerre , le gouvernement anglois eût été amplement autorisé à continuer et à renforcer même les blocus. Au lieu de cela, *il y renonça* au moment où cette malheureuse guerre alloit éclater ; et, par une circulaire du 25 septembre , que M. le duc de Bassano a eu grand soin de ne pas citer, fit annoncer que le blocus des côtes d'Allemagne étoit levé , et que la *navigation entre l'Ems et l'Elbe étoit aussi libre qu'avant la déclaration du 16 mai.*

Le décret de Berlin n'a donc point été provoqué par la déclaration du 16 mai 1806, et n'a rien eu de commun avec cette déclaration. Et lorsqu'on affirme aujourd'hui « que ce fut en 1806 que commença l'exécution de ce système, qui tendoit à faire fléchir la loi commune des nations devant les ordres du conseil et les règlemens de l'amirauté de Londres, » tout homme dont l'aveuglement n'est pas incurable doit s'apercevoir que ce n'est là qu'un misérable subterfuge inventé long-temps après coup, pour faire retomber sur son adversaire la responsabilité d'un attentat odieux, dont tous les sophismes de morale n'absoudront jamais le seul et véritable auteur.

Si le décret de Berlin ne *répondoit* pas à la déclaration de 1806, il est clair qu'il *ne répondoit à rien.* Et en effet, on avoit beau fouiller dans les archives des temps passés et présens, on n'en trouveroit ni modèle ni prétexte. Il est sorti de la boîte de Pandore, où le mal, où le génie du mal l'avoit enfanté de ses propres conceptions. *Pro les sine matre creata !*

Tout acte de représailles, que l'honneur, l'intérêt et la loi de sa conservation pouvoient suggérer au gouvernement anglois, étoit justifié d'avance par ce décret. La neutralité ne sauroit exister qu'autant que les puissances belligérantes s'accordent sur le principe général, que leurs droits de guerre sont plus ou moins limités par ceux que les neutres leur opposent. Du moment qu'une des puissances belligérantes met sa volonté absolue à la place de cette règle fondamentale, que, sans consulter ni les traités, ni les intérêts particuliers des neutres, ni ses propres rapports avec eux, elle défend *indistinctement* tout commerce et toute correspondance avec les possessions et les sujets de la puissance ennemie, déclare de bonne prise chaque vaisseau qui aura contrevenu à cette loi, saisit, partout où son bras peut les atteindre, les marchandises du pays excommunié, quel qu'en soit le possesseur actuel, il ne s'agit plus de formes ou de nuances; les *bases* de la neutralité sont subverties ; ses attributs sont annulés *en masse ;* son existence légale est finie. Si dans un tel état de choses la partie adverse

respecte encore un droit neutre quelconque,
c'est un acte d'indulgence et de générosité ;
car il seroit injuste et même déraisonnable
d'exiger qu'elle reconnût à elle seule ce
qui n'a de sens, de réalité et de valeur, que
dans la supposition d'un principe *commun,*
admis et avoué par toutes les parties intéressées. L'Angleterre étoit donc , par le fait
du décret de Berlin , dispensée de toute
obligation étroite de ménager les intérêts des
neutres. Son ennemi lui avoit hautement
annoncé que dorénavant il ne mettroit plus
aucune borne à ces hostilités ; il les poussoit
même , par anticipation , au-delà de son
pouvoir réel, et, privé de toute force maritime , il faisoit pressentir le projet cruel de
marcher à la destruction de l'Angleterre par
la conquête et la ruine successive de tous
les peuples du continent ; projet dont , depuis le décret de Berlin , l'exécution s'est
avancée sans relàche.

Et quelle fut la première résolution par
laquelle le gouvernement anglois répondit
à cette provocation inouïe ? L'ordre du

conseil du 7 janvier 1807, lequel, après avoir exprimé la répugnance du Roi à suivre l'exemple de l'ennemi, et à procéder à des extrémités nuisibles au commerce des états qui ne prennent pas part à la guerre, se contente de déclarer qu'il ne sera permis à aucun vaisseau de faire le commerce entre un port appartenant à l'ennemi, ou placé sous le pouvoir de ses armes, et un autre port de la même description. Par conséquent, tout le commerce *direct* qui se faisoit entre les pays neutres et les pays soumis à la France, y compris les colonies de ces pays, restoit sur ces anciennes bases. Cet acte d'une modération extraordinaire ne portoit pas trop l'empreinte d'un gouvernement qui, d'après les termes du décret de Berlin, n'avoit d'autre but que de détruire toutes communications entre les peuples, et de ramener les temps de la barbarie.

Ce ne fut qu'après la paix de Tilsit, époque d'un acharnement redoublé et des nouveaux plans gigantesques contre l'Angleterre, que parurent enfin les *ordres du conseil du 11 novembre 1807*. Ces ordres partoient, il est vrai, à l'exemple du décret de Berlin, du principe d'une interdiction générale de commerce avec les pays soumis à l'ennemi; mais bien différens encore de leur modèle, ils annonçoient dans chacune de leurs clauses le désir de modifier, en faveur des neutres, la rigueur du principe général. A l'époque où ils furent publiés, toutes les côtes de notre continent étoient en état d'hostilité contre l'Angleterre ; la navigation neutre étoit nulle de fait en Europe ; et le seul pays qui pût prétendre à quelque ménagement, étoient les États-Unis de l'Amérique. Les ordres de novembre 1807 ne privoient point leurs bâtimens de la liberté de se rendre de l'un ou l'autre de leurs propres ports dans les ports des colonies ennemies, ou de ces ports-ci à un autre port de leur propre pays. Quant au commerce de l'Europe, leurs vaisseaux furent astreints à la condition de débarquer d'abord à un des ports de la Grande-Bretagne , sauf à continuer de là leur voyage à tel port des pays ennemis qu'ils choisiroient, et d'emporter toute leur cargaison , à l'exception de certaines marchandises spécifiées, qui ne seroient réexportées qu'avec une licence (1). Des instructions postérieures modifièrent ces dispositions dans plusieurs points essentiels ; mais aucune n'ayant satisfait les Américains , le gouvernement anglois *annula* enfin les ordres de 1807 , et leur substitua l'ordre du 26 avril 1809 , par lequel l'interdiction du commerce fut restreinte aux ports de la *France* , de la *Hollande* et de la *Haute-Italie*, tandis que les ports de la Baltique, du nord de l'Allemagne jusqu'à l'Ems , de

----

(1) Le soi-disant *tribut* que l'Angleterre demandoit aux Américains, n'étoit autre chose qu'un *droit de transit* qu'on *paroissoit* vouloir attacher à *cette dernière classe de marchandises*. Mais il faut savoir que cet impôt, dont les ordres du conseil ne font pas mention, *n'a jamais été réalisé*, pas même dans le court intervalle entre la publication des ordres du conseil de 1807 et leur abrogation en 1809.

l'Espagne, du Portugal et de toute la Méditerranée, à l'exception de ceux de France et du royaume d'Italie, restoient ouverts à la navigation neutre. Les organes du gouvernement françois ont pris le parti, sans doute très-commode, d'ignorer tout-à-fait ce changement essentiel. Une réticence pareille auroit suffi pour décréditer toute autre pièce diplomatique ; on n'en sera que médiocrement surpris dans celle que nous examinons ici.

On a vivement agité en Angleterre la question de savoir si ces ordres du conseil ont été en dernière analyse favorables ou contraires aux intérêts du pays. Les avis des hommes éclairés se sont partagés à ce sujet; mais la question, étroitement liée à plusieurs autres articles du système commercial que les circonstances ont fait adopter au ministère britannique, exige de grands développemens et des recherches très-approfondies. Cette question cependant est extrêmement différente de celle que nous avons discutée. Il n'appartient qu'à l'Angleterre de juger si, sous le point de vue de son propre intérêt, les ordres du conseil ont été sages ou répréhensibles. Les ministres anglois se fussent-ils trompés dans leurs calculs, leurs ennemis n'auroient qu'à se féliciter de leurs erreurs. Le grand point qu'il s'agissoit d'établir pour nous autres, c'est que, dans cette longue série d'actes hostiles et de réactions sensibles, *la France a porté les premiers coups ;* que les ordres du conseil britannique étoient des mesures de représailles dans toute la force du terme, et que le gouvernement anglois, loin de blesser gratuitement les droits et les intérêts des neutres, les a reconnus, respectés et ménagés, autant que le lui permettoient la loi de son propre salut, et la situation sans exemple dans laquelle son ennemi l'avoit placée.

« Le décret de Berlin », dit le rapporteur, « répondit à la déclaration de 1806. Le décret de Milan répondit aux arrêts de 1807. » Je crois avoir fourni dans ces observations les données nécessaires pour rectifier cette généalogie. Le décret de Berlin ne fut provoqué , ne fut justifié par aucun acte antérieur. Les arrêts de 1807 répondirent au décret de Berlin. Si le décret de Milan répondit aux arrêts de 1807 , qui sans le décret de Berlin n'auroient jamais vu le jour, il ne fit que renchérir sur l'injustice de la mesure primitive qui avoit provoqué les arrêts de 1807.

IV.

Le *décret de Milan* vient d'être solennellement proclamé comme base et motif de la nouvelle guerre qui va s'allumer sur le continent. « Il faut », dit l'orateur du gouvernement françois, « que toutes les forces disponibles de la France puissent se porter partout où le pavillon anglois et les pavillons dénationalisés voudroient aborder. » Tout le monde sait que le *pavillon anglois* n'a pu être admis dans les ports de la puissance contre laquelle cette menace est dirigée. Le seul tort de cette puissance seroit donc de ne pas avoir assez rigoureusement exclu ce que l'on nomme ici *pavillons dénationalisés.*

Voyons à quoi le grief se réduit.

Le décret de Milan avoit déclaré dénationalisé tout bâtiment neutre qui se seroit soumis à la législation angloise, « soit en touchant dans un port anglois (avant de combiner sa course) , soit en payant tribut à l'Angleterre. » Il est clair que cette définition arbitraire se rapportoit à la clause des ordres du conseil du mois de novembre 1801 , suivant laquelle les bâtimens neutres, voulant faire le commerce avec des pays européens soumis à la France, devroient auparavant débarquer dans un port britannique, et (à ce que l'on supposoit faussement alors) y payer certains droits. Mais toute cette clause *fut complètement abolie* par l'ordre postérieur du 26 avril 1809. Par conséquent la définition d'un bâtiment dénationalisé, telle que le décret de Milan l'avoit donnée, n'a aujourd'hui ni sens ni objet; et, avant de s'armer de toutes ses terreurs pour foudroyer ceux qui se sont rendus coupables de l'admission dans leurs ports de bâtimens dénationalisés , le gouvernement françois auroit dû au moins instruire l'Europe en quoi il fait consister maintenant un délit qu'avec toute la mauvaise volonté du monde personne ne *pouvoit* plus commettre en 1811 dans le sens qui y étoit attaché en 1807.

Rassembler quatre cent mille hommes pour punir une puissance indépendante d'un crime, non-seulement imaginaire, mais encore indéfinissable, et nul d'après le code même que l'on prétend exécuter! Nous sommes familiarisés avec la marche expéditive et les formes peu conciliantes du despotisme; nous n'en avons que trop vu de ces manifestes justificatifs , tout aussi révoltans que les démarches qu'ils avoient l'air de défendre. Mais il me semble que dans les temps même où nous vivons on a rarement vu un acte plus directement attentatoire à tous les droits et à tous les principes, placé sur un plus frêle échafaudage ou attaché à un prétexte plus futile. En supposant que l'Empereur de Russie n'eût pas hermétiquement fermé ses ports contre chaque navire américain, ou chaque contrebandier de la Baltique, cette indulgence, dictée par les besoins de son empire, interdite par aucun traité ni public ni secret, innocente même d'après la lettre de ces décrets arbitraires lancés par un tribunal incompétent, peut-elle motiver, peut-elle colorer, peut-elle expliquer seulement le projet de bouleverser encore une fois l'Europe, d'écraser les tristes débris de l'ancienne prospérité des pays intermédiaires, et de verser le sang de tant de malheureux peuples qui ont déjà payé, au prix de tout ce qu'ils avoient à perdre, ces mêmes arrêts de proscription dont cette guerre, vraiment sacrilége, doit prolonger la durée ? Et tout cela, nous dit le rapport, pour ramener les Anglois aux principes *consacrés par le traité d'Utrecht,* qui n'en a jamais consacré aucun, et pour assurer la neutralité maritime, contre laquelle l'Angleterre n'a jamais protesté !

Pour ajouter un dernier trait à ce tableau, il ne sera pas inutile de s'arrêter un moment sur la conduite générale du gouvernement françois envers ces neutres qui lui ont fourni de si nombreux prétextes. Le mot de ralliement *liberté des mers*, provenant des principes de la révolution, a été légué par chaque gouvernement révolutionnaire à ses successeurs et héritiers, et celui qui les a remplacés tous n'a pas négligé cette partie de leur héritage. Cette soi-disante liberté des mers n'ayant jamais été clairement définie, chacun y attachoit le sens que ses lumières ou ses intérêts lui indiquoient; mais à travers cette confusion d'idées, que le sophisme et l'imposture entretenoient avec beaucoup de soin, tout le monde parvint enfin à comprendre qu'il s'agissoit de certains droits exclusivement applicables à un état de guerre. La liberté des mers n'avoit jamais été troublée en temps de paix; jamais on n'avoit pu accuser l'Angleterre de s'être prévalue alors de sa prépondérance navale contre la navigation ou le commerce des plus foibles nations de la terre. La prétendue tyrannie qu'on lui reprocha ne consistoit donc qu'à maintenir des principes et des traités établis pour *limiter* les avantages (assez grands malgré toutes les restrictions) dont la navigation et le commerce neutres jouissoient pendant les guerres maritimes. La question de la liberté des mers n'étoit autre chose que celle des droits du pavillon neutre. Mais, par la plus étrange inconséquence, quels qu'en aient été la source et le motif, la France, protectrice déclarée de la neutralité, n'a jamais mis en avant cette question dans aucune de ses négociations avec l'Angleterre. On n'en trouve de trace ni dans celle de Lille en 1797, ni dans celle de 1801, qui conduisit aux préliminaires de Londres, ni dans celle de 1802, qui fut terminée par le traité d'Amiens, ni dans celle de 1803, qui précéda la nouvelle rupture, ni dans celle enfin de 1806. C'est un fait qui doit frapper et surprendre tout le monde, quoique (de ma connoissance au moins) il n'ait encore été relevé par personne , qu'après tant de fureurs et d'injures , et après tant de sermens solennels , « de tout sacrifier pour cette cause sacrée de la liberté du commerce et des mers , » le gouvernement françois ait pu traiter *huit mois* avec l'Angleterre , sans que l'on ait accordé aux droits du pavillon neutre , je ne dis pas une heure de discussion , mais seulement les stériles honneurs du procès-verbal ! Cet oubli inconcevable , ou cet acte de mauvaise foi sans exemple , eut cependant lieu à la même époque où « la déclaration du 16 mai 1806 venoit d'anéantir d'un seul mot les droits de tous les états maritimes , » et peu de mois après le décret de Berlin.

Et voilà le gouvernement qui aujourd'hui où , grâces à ses soins , il n'y a plus de puissance neutre sur le globe , où toute question de neutralité paroit éteinte et submergée dans ce gouffre fatal qui a englouti le droit public tout entier , réunit le ban et l'arrière-ban de l'Europe dans une nouvelle croisade contre les oppresseurs de la liberté maritime , et, pour bien prouver la sincérité du motif , menace la seule puissance continentale qui ait encore accordé dans ses ports un dernier reste de protection aux derniers soupirs de la *navigation neutre*.

Je sais bien de quel œil on envisage de nos jours les efforts solitaires et impuissans d'un écrivain pour défendre la vérité et le bon droit dans les affaires politiques. A quoi sert de combattre les mauvais raisonnemens de ceux dont on ne peut pas repousser les baïonnettes ? Vos argumens , vos discussions répondront-elles à quatre cent mille hommes ? Phrases contre phrases , le plus habile est toujours celui qui sait le mieux soutenir les siennes. Tel est le langage commun ; et tel est l'effet naturel de cette dégradation et dépravation secrète que l'habitude d'obéir et de se taire , introduit insensiblement dans tous les cœurs. Mais que ceux au moins qui ont préservé de la contagion la meilleure partie d'eux-mêmes ne cessent de protester contre ces maximes pernicieuses! Supportons avec résignation ce que nous n'avons pas le pouvoir de guérir! N'ajoutons à nos maux ni des démarches passionnées et mal calculées, qui ne feroient que les rendre plus irréparables, ni des déclamations bruyantes, qui irritent les méchans sans les affoiblir! Mais gardons-nous de confondre dans une lâche indifférence le bien et le mal, l'innocent et le coupable, l'oppresseur et les victimes! Démasquons le sophisme et l'imposture, ne fût-ce que pour l'instruction et la satisfaction d'un petit nombre d'élus, ou pour que la postérité ne nous suppose pas tous complices des forfaits que nous n'avons pas pu empêcher! Que dans ces momens critiques et décisifs, où de nouvelles scènes de désolation vont s'ouvrir, l'attention des hommes justes et éclairés se détourne un moment du spectacle qui les entoure, et s'arrête sur le fond du grand procès! Qu'alors des réflexions sérieuses sur les auteurs des calamités publiques, sur leur marche, leur langage, leurs motifs réels et prétendus, leurs moyens de diriger l'opinion (puissance toujours redoutable, quelqu'avilie qu'elle paroisse aujourd'hui) réveillent et occupent les bons esprits ! Et que surtout pour la conservation de ce qui est supérieur aux catastrophes du temps, l'amour de la vérité, et l'horreur du mensonge et de l'injustice, ne s'éteignent pas dans les âmes honnêtes !

FIN.

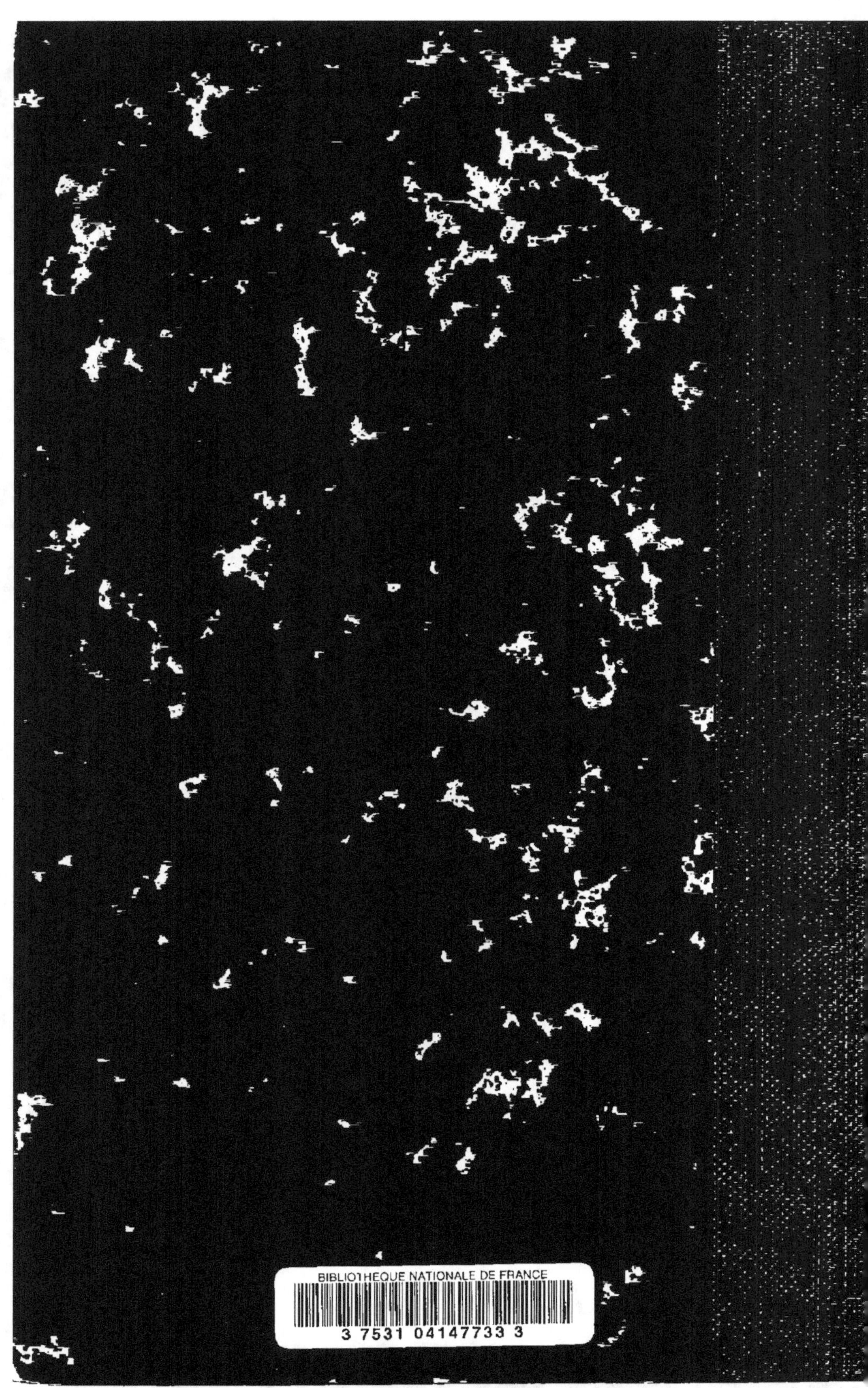